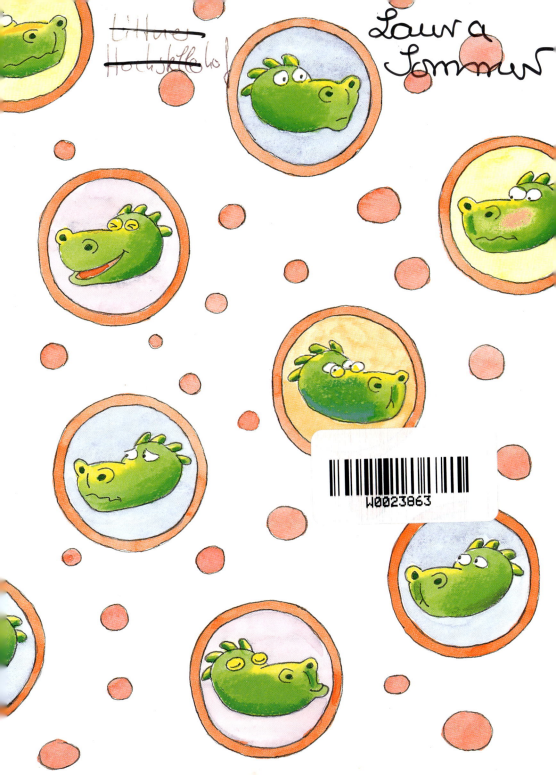

Ulrike Kaup
wurde 1958 in Gütersloh geboren. Sie studierte
Germanistik und Sozialwissenschaften in Münster.
Danach ging sie ins Ausland und lebte unter anderem
ein halbes Jahr in Australien. Sie ist Realschullehrerin
und schreibt Kinderbücher.

Gabi Selbach
wurde 1964 in Troisdorf geboren. Sie studierte
Grafik-Design in Köln und illustriert seit mehreren
Jahren Kinderbücher und Kalender.
Außerdem zeichnet sie Bildergeschichten für
»Die Sendung mit der Maus«.

Ulrike Kaup

Drachengeschichten

Mit farbigen Bildern
von Gabi Selbach

In neuer Rechtschreibung

1. Auflage 2004
© Edition Bücherbär im Arena Verlag GmbH, Würzburg 2004
Alle Rechte vorbehalten
Einband und Innenillustrationen von Gabi Selbach
Gesamtherstellung: Westermann Druck Zwickau GmbH
ISBN 3-401-08467-4

Inhalt

Amanda und Charly 10

Silvester lässt es richtig krachen! 18

Der feurige Paul 26

Die Dracheninsel 34

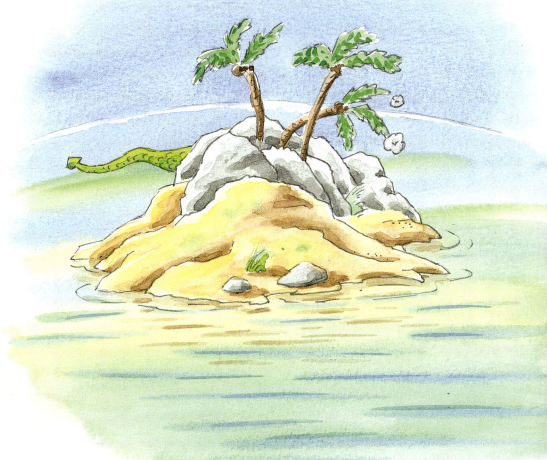

Amanda und Charly

Amanda war gerade dabei,
Rosen für das Kaminzimmer
zu schneiden,
als sie ein leises Fauchen vernahm.
Sie schaute sich um
und entdeckte einen Drachen.
Zwischen zwei Brombeer-Büschen
saß er und sah sie an
mit großen türkisblauen Augen.

„Wer hat dich denn geschickt?",
fragte Amanda erstaunt.
„Niemand", sagte der Drache.
„Ich suche ein Zuhause
mit weichen Kissen,
die nach Rosen riechen."

„Da bist du bei mir richtig",
sagte Amanda.
Und so kam es, dass der Drache
bald darauf bei ihr einzog.
Er hieß Charly.
Mehr wusste Amanda nicht.
Von nun an waren
Amanda und Charly
fast immer zusammen.

Charly half Amanda
beim Kamin-Anzünden
und Amanda fütterte ihn
mit Streichholzköpfen.
Sie spielten Schach und Klavier,
gingen ins Theater
und schlenderten durch den Park.
Und viele Leute starrten
das seltsame Paar an.
„Wie kann man nur
mit einem Drachen leben!
Das ist doch gefährlich!",
sagten einige.
„Immer muss Amanda
aus der Reihe tanzen!"
Bald saßen Amanda und Charly
allein beim Tee.
Niemand besuchte sie mehr.

Selbst der Briefkasten blieb leer,
weil sich der Briefträger
vor Charlys Fauchen fürchtete.
Schließlich rief sogar
der Bürgermeister an und verlangte,
dass Charly einen Feuerlöscher
auf dem Rücken tragen solle.
Charly weinte sehr,
als er das hörte,
schnupperte noch einmal
an den Rosen-Kissen
und sagte dann traurig:
„Es ist wohl Zeit für mich, zu gehn."
„Kommt gar nicht in Frage",
widersprach Amanda.

„Wir fahren erst mal ganz weit weg
und erholen uns."
Und weil Charly
Angst vorm Fliegen hatte,
nahmen sie den ersten Ozeandampfer
nach Amerika.
Der Kapitän war
ein weit gereister Mann,
der schon viel gesehen hatte.
Doch eine vornehme Dame
in Begleitung eines Drachen,
das war neu für ihn.

Er lud Amanda und Charly
zum Essen ein.
Sie durften an seinem Tisch sitzen
und Kapitänswein trinken.
Und Amanda spielte auf dem Klavier.
Als kleines Dankeschön
zündete Charly dem Kapitän
eine Zigarre an.
Die Passagiere klatschten begeistert.
Sie dachten,
Charly und Amanda seien vom Theater.

Und sie freuten sich
über die tolle Vorstellung,
für die sie nicht einmal
Eintritt zahlen mussten.
Das Leben auf dem Ozeandampfer
gefiel Amanda und Charly sehr.
Charly musste keinen Maulkorb tragen,
durfte ohne Leine laufen
und sogar mit den Kindern
im Pool baden.
Dafür ließ Charly den Kapitän
auch mal mit Amanda tanzen,
wenn sie an Bord ein Fest feierten.
Und manchmal, in windstillen Nächten,
wenn alle längst schliefen,
standen Amanda und Charly
noch draußen unter
dem Sternenzelt.

„Vielleicht müssen wir ja
gar nicht aussteigen in Amerika
und können für immer hier bleiben",
sagte Charly dann.
Und Amanda sagte leise:
„Ja, vielleicht."
Und dann schauten sie noch
ein Weilchen
über das weite, weite Meer.

Silvester lässt es richtig krachen!

Silvester sitzt an seinem Schreibtisch
und zählt Geld.
Er besitzt ein Geschäft
für Feuerwerks-Raketen und Böller
und niemand sonst im Land
kann es mit seinem Angebot
und seinen Preisen aufnehmen.
„Ich bin ein reicher Mann geworden",
sagt er zu sich selbst,
„es wird Zeit, mal etwas Gutes zu tun."
Aber einfach Geld zu spenden,
das ist Silvester zu langweilig.
Er zündet sich eine Zigarre an
und überlegt einen ganzen Tag lang.
Dann hat er eine Idee.

Am nächsten Tag setzt er
eine große Anzeige
in die Zeitung. Darin steht:

Eine Woche lang bringt der Briefträger
Briefe über Briefe.
Körbeweise.
Silvester braucht zwei Wochen,
um sie alle zu lesen.
Am 14. Tag bekommt er einen Brief
in die Hände,
der sehr merkwürdig anfängt.
Ein kleines Mädchen namens Liliane
hat ihn geschrieben.

„Lieber Herr Silvester!", schreibt sie,
„wenn ich groß bin,
möchte ich einmal
Regenwald-Tierforscherin werden.
Aber ich habe Angst,
dass der Regenwald dann vielleicht
ganz klein geworden ist,
weil viele Bäume gefällt worden sind.
Und dann haben die Brüllaffen
und Flugdrachen keinen Platz mehr
und sterben aus.
Und dann kann ich nicht mehr
Regenwald-Tierforscherin werden.
Deshalb möchte ich den Leuten,
die den Regenwald retten wollen,
Geld geben.
Dann können sie jemanden bezahlen,
der sich nur um das Retten kümmert."

Bis jetzt weiß Silvester noch nicht,
was das mit einem Feuerwerk
zu tun haben kann.
Neugierig liest er weiter.
„ ‚Nun mein Vorschlag, Herr Silvester:
Jede Leuchtrakete,
die sie in die Luft schießen,
muss von jemandem bezahlt werden.
Dafür darf der dann sagen,
für wen sie am Himmel leuchten soll.
Und die Leute vom Fernsehen
sollen einen Film darüber machen.
Dann kommt bestimmt
viel Geld zusammen,
und das ist dann gut
für den Regenwald
und für mich.' "

Silvester ist sofort
Feuer und Flamme für Lilianes Idee.
Die Vorbereitungen
für die Fernsehsendung
dauern fast ein Jahr.
Wer für einen Freund eine Leuchtrakete
abschießen lassen will,
muss sich melden
und 100 Euro spenden.
Endlich ist es so weit.
Liliane steht auf der Bühne
und hält ein Mikrofon in der Hand.

Und Silvester feuert eigenhändig
eine Leuchtrakete nach der anderen ab.
„Die nächste ist von Hugo Meyer
für Greta Schulz", sagt Liliane.
Und wusch!, schon purzeln
rosarote Sterne vom Himmel.
So geht das Stunde um Stunde.
Es wurde das schönste Feuerwerk
aller Zeiten.

Liliane und Silvester
sind sehr zufrieden mit dem Ergebnis.
„Liebe Zuschauer",
sagt Silvester am Ende der Sendung,
„es sind stolze 99 000 Euro
zusammengekommen.
Vielen Dank!
Sie haben uns sehr geholfen.
Vielleicht wird Liliane eines Tages
wirklich Regenwald-Tierforscherin."
Und ein Fernseh-Reporter fügt hinzu:
„Regenwald-Tierforscherin –
das ist ein langes Wort
und eine große Aufgabe."
Da hat er Recht.

Der feurige Paul

Paul langweilt sich.
Seit er einen eigenen Vulkan hat,
muss er ständig Feuer spucken.
Die einzige Abwechslung
sind die Rauchzeichen,
die er aufsteigen lassen kann,
um sich mit den Nachbardrachen
zu unterhalten.
Aber es gibt gar nicht
so viel zu erzählen!
Immer der gleiche Zinnober,
denkt Paul eines Tages.
Feuer speien,
mal mehr, mal weniger,
damit sich die Menschen
ordentlich fürchten.

Dabei will Paul doch
niemanden erschrecken.
Viel lieber möchte er einmal
ins Menschenland spazieren
und sich dort etwas umschauen.
Und zwar sofort!
Auch Drachen brauchen Urlaub.
Er schnaubt
ein paar Abschiedswölkchen
in die Luft
und stellt ein großes Schild auf:
„Außer Betrieb" steht da,
für jedermann gut zu lesen.
Jetzt kann die Reise losgehen.

Sieben Tage läuft Paul,
bis er schließlich
Menschenland erreicht hat.
Endlich kann er
echte Menschen kennen lernen.
Aber immer, wenn er
Guten Tag schnauben will,
laufen die Menschen
schreiend vor ihm fort.
Auf einer Parkbank
ruht Paul erst mal aus.
Wohlig warm scheint ihm
die Sonne auf die Schuppen.

Er schließt die Augen
und lässt sich den Wind
sanft um die Nüstern wehen.
Aus der Ferne klingt Musik.
Musik?
Paul spitzt die Ohren.
Welch schöne Melodie.
Da kann er nicht sitzen bleiben!
Paul läuft den Klängen entgegen.
Läuft und lauscht und läuft.
Bis zu einem großen Zelt.
Dort klebt ein rotes Plakat.
Und auf dem Plakat steht
in gelben Buchstaben:
„ZIRKUS ZAMPANO".
Neugierig geht Paul
in das Zelt hinein.

Dort sitzen viele Menschen.
Aber sie laufen nicht weg,
als sie ihn entdecken.
Sie klatschen sogar Beifall.
Vor Freude schnaubt Paul
Guten-Tag-Wölkchen in die Luft.
Das Publikum klatscht lauter.
Jetzt legt Paul erst richtig los.
Er spuckt Feuerblitze
über die Köpfe der Zuschauer.
Was für eine aufregende Vorstellung!

Der Zirkusdirektor
will Paul unbedingt behalten.
„So ein feuriger Paul wie du
hat uns gerade noch gefehlt!", sagt er.
Keine schlechte Idee, denkt Paul.
Dann muss ich höchstens
zweimal am Tag Feuer speien
und üben brauche ich dafür
sowieso nicht.
Noch dazu ein eigener Wohnwagen,
was will ich mehr?
Von nun an ist jeden Tag was los.

Manchmal hilft Paul dem Dompteur,
wenn die Tiger
durch den Feuerreif springen.
Und manchmal trinkt er
mit dem dicken Clown
rosa Prickellimonade.
Schließlich verliebt sich Paul
in die kleine Seiltänzerin.
Er nimmt allen Mut zusammen
und schnaubt für sie
ein Feuerherz
in den nachtblauen Himmel.

Da verliebt sich
die kleine Seiltänzerin
auch in Paul.
Sie stellen ihre Wohnwagen
ganz dicht nebeneinander.
Jetzt müssen sie nur
die Fenster öffnen,
wenn sie sich küssen wollen.
Manchmal passt eben
alles gut zusammen.

Die Dracheninsel

Kennst du die Dracheninsel?
Sie liegt irgendwo ganz weit draußen
im unendlichen Meer.
Dort gibt es keine Menschen
und vielleicht
kannst du dir denken, warum.
Denn dort auf der Dracheninsel
lebt der letzte Riesendrache.
Und alle, die sich dort hinwagten,
mussten dafür mit dem Leben bezahlen.

Eines Tages
schlägt Ambrosius Manolakis
ein dickes, altes Buch auf.
Ein Buch über die Dracheninsel.
Von dem Tag an
hat Ambrosius nur noch einen Wunsch.
Er will diesen letzten Drachen sehen
und fotografieren,
koste es, was es wolle!
Schon immer hat sein Herz
für Echsen und Schlangen geschlagen.

Auf vielen Forschungsreisen
hat er Fotos
von seltenen Exemplaren geschossen.
Dieser Drache
soll sein letztes Ziel sein.
Jeden Cent spart Ambrosius
für seine Reise.
Er kauft nur noch Sonderangebote,
isst Kartoffeln und Gemüse
aus seinem eigenen Garten,
verkauft seinen Fernseher,
seinen schicken Sportwagen
und macht einen Pilotenschein.
Er hält Vorträge über Anakondas
und Komodo-Warane
und schreibt ein Buch
über Pfeilgift-Frösche
und Kragen-Echsen.

Außerdem verkauft er Fotos
von seinen Abenteuern
im Regenwald von Borneo
und vieles, vieles mehr.
Nur seine Fotoausrüstung
behält er,
seinen besten Tropenhelm
und seinen Plattenspieler.
Denn selbst ein Drachen-Forscher
kann ohne Musik nicht leben.

Endlich, nach vielen Jahren,
ist es so weit.
Ambrosius fliegt nach Australien.
Dort kauft er sich
ein kleines Flugzeug
und fliegt zur Dracheninsel.
Auf den alten Landkarten,
ist ein Felsvorsprung markiert.
Dort landet er.

Die Insel sieht Furcht erregend aus.
Eine öde Steinwüste
mit ein paar abgeknickten Bäumen.
Als hätte sie jemand niedergetrampelt,
denkt Ambrosius.
Doch er verspürt keine Angst,
nur eine leichte Anspannung,
so kurz vor dem Ziel.
Ambrosius stellt sein Zelt auf
und seine Kamera und wartet.
Es ist längst dunkel,
da hört er plötzlich
ungewöhnliche Geräusche.
Als würde sich jemand
ganz, ganz laut die Nase putzen.
Und ein Knacken und Krachen
wie von trockenen Ästen,
die ein Feuer verschlingt.

Ambrosius zittert vor Aufregung.
Und dann steht er vor ihm,
der letzte Drache!
Augen so groß wie Gartenteiche
blicken ihn an.
Ambrosius hält den Atem an
und bewegt sich nicht.
Der Drache soll sich nicht
vor ihm fürchten.

Ambrosius ist so gebannt,
dass er vergisst zu fotografieren.
Er vergisst, wie viele Menschen
der Drache verspeist hat.
Ja, er vergisst alles um sich herum.
Ambrosius steht einfach da und schaut
in diese riesigen Drachenaugen.

Schließlich dreht sich der Drache um
und verschwindet in der Dunkelheit,
aus der er gekommen ist.
Auch Ambrosius kehrt zurück,
von wo er gekommen ist.
Und die Menschen
sind sehr gespannt darauf,
von seinen Erlebnissen zu hören.
„Ich habe den letzten Drachen gesehen",
erzählt Ambrosius voller Glück.
„Aug in Aug haben wir
uns gegenübergestanden
und der Drache hat mich nicht getötet."
Aber die Menschen glauben ihm nicht.
„Du hast ja nicht mal ein Foto!",
sagen sie und lachen ihn aus.
„Du kannst uns ja
viel erzählen, du Schachtelhalm!"

Ambrosius aber stört das nicht.
Er setzt sich seine Kopfhörer auf
und trinkt eine Tasse Kakao.
Und während er
einem Klavierkonzert lauscht,
denkt er an
die unergründlichen Augen
des letzten lebenden Drachen.

Hannelore Dierks, Spukgeschichten
Sabine Jörg, Detektivgeschichten
Insa Bauer, Rittergeschichten
Jan Flieger, Mutgeschichten
Ulrike Kaup, Hexengeschichten
Ulrike Kaup, Pferdegeschichten
Manfred Mai, Abenteuergeschichten
Maria Seidemann, Piratengeschichten
Barbara Zoschke, Ponygeschichten
Frauke Nahrgang, Piratengeschichten
Ulrike Kaup, Schulgeschichten
Ulrike Kaup, Vampirgeschichten
Friederun Reichenstetter, Schulhofgeschichten
Nortrud Boge-Erli, Lustige Gespenstergeschichten
Maria Seidemann, Erste ABC-Geschichten

Jeder Band: 32 Seiten. Gebunden.
Durchgehend farbig illustriert.
Ab 6

EDITION BÜCHERBÄR

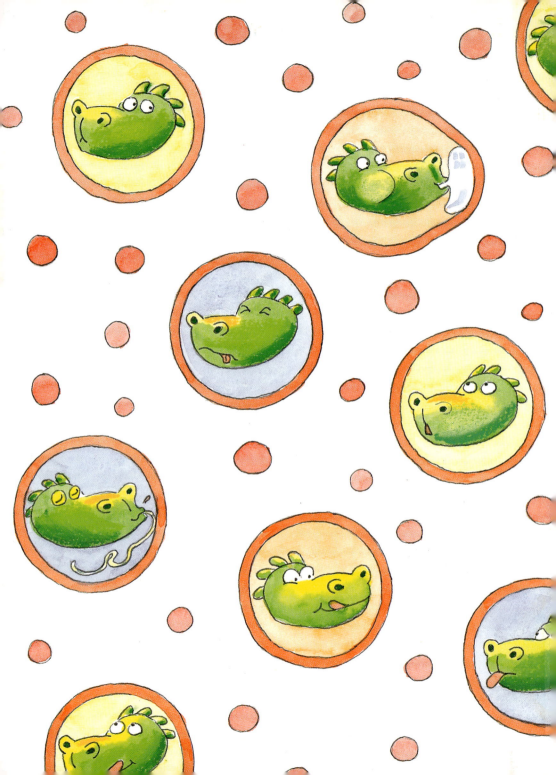